LA FONTANA DELLA VERGINE

Un capolavoro di Ingmar Bergman

Saggio

Salvatore M. Ruggiero

Alle donne. Tutte.

UNA FRASE

"Ma tu vedi, Dio! Tu vedi, vedi la morte di un innocente, vedi la mia vendetta e non l'hai impedito. Io non ti capisco! Eppure adesso chiedo il tuo perdono. Non conosco altro mezzo per conciliarmi con queste mie mani, non conosco altro modo per vivere. Ti faccio voto, o Signore, qui, in penitenza del mio peccato, di edificare una chiesa con queste mie mani".

(Il signore Tore ha appena ammazzato i tre pastori che hanno violentato e ucciso sua figlia Karin, è inginocchiato a terra, davanti al suo corpo inanimato).

PRESENTAZIONE

"Mareta[1] è il mio nome. Vivo con il mio uomo Tore[2]. E la nostra figlia Karin[3] e un'altra ragazza, Ingeri[4], incinta chissà di chi, piena d'invidia e un po' selvatica. Una vita dura la nostra, nella foresta: piena di privazioni di stenti, di pericoli. Il freddo, gli animali, le maledizioni che pesano sulla campagna, gli strani esseri che la popolano di notte. E poi i briganti. Ci salva, ci da un po' di speranza, la nostra devozione. Stavolta tocca a Karin portare le candele: è un'incombenza che la tradizione riserva alle vergini. Non potrei mai sopportare che le accadesse qualcosa. Non lo sopporterebbe Tore, che non mi perdonerebbe di averla esposta a rischi inutili. Eppure Tore a suo modo è un uomo di fede, ed è un uomo della tradizione. Se dovesse capitare qualcosa

---

1   Interpretata da Birgitta Valberg
2   Interpretato da Max von Sidow.
3   Interpretata da Birgitta Petterson.
4   Interpretata da Gunnel Lindblom.

a nostra figlia, scannerebbe i responsabili come maiali, ma prima di farlo si dovrebbe lavare e purificare percuotendosi con rami e foglie di betulla. Un rito terrificante, perché è una sorta di risanamento che precede la morte.[5]"

La tragedia, dunque, sembra aleggiare nell'aria, quasi viene suggerita allo spettatore, fin dalle prime battute del film, dalla presentazione di Mareta.

E lo spettatore percepisce subito la tragedia, quasi come se il suo svolgimento fosse ineluttabile.

Ma, dal breve *incipit* della sceneggiatura è possibile cogliere alcuni altri importanti aspetti dai quali il film è profondamente permeato.

Uno, ad esempio, è il contrasto tra cristianesimo, che si va diffondendo anche all'estremo Nord dell'Europa, e paganesimo tradizionalista e ancora

---

5   Dalla sceneggiatura de *La fontana della vergine.*

imperante, che caratterizza l'epoca storica nella quale i protagonisti agiscono.

Contrasto incarnato nella figura centrale del film: il signore Tore (che... *"a suo modo è un uomo di fede"*), che prega il Cristo prima della cena; chiede al Cristo di proteggere la figlia Karin in procinto di partire per il rito dei ceri verso la chiesa lontana: *"Cristo protegga la tua giovane vita."* le dice.

Tore, pur dichiarandosi credente - prega in compagnia della moglie, davanti al grande crocefisso, quasi in grandezza naturale, che i due coniugi hanno nella loro camera, chiedendo a Dio di tenere lontano il Male dalla sua casa - non sembra molto convinto.[6]

Contemporaneamente alla preghiera pare pensare: *"Prego Iddio senza fiducia. Bisogna arrangiarsi da soli per quanto è possibile.[7]"*

---

6 La moglie, nella stessa scena, lo rimprovera di non avere ..."Mai un pensiero rivolto a Dio."

7 La frase è tratta dalla sceneggiatura di uno dei tanti film di Ingmar Bergman.

Ma, dimenticando il perdono evangelico, imbocca la via della vendetta personale e privata come unica forma di giustizia terrena mostrando di essere, come dice Mareta... *"un uomo della tradizione."*

Egli non sembra nemmeno convinto del significato della missione della figlia Karin, ritenendo che nel tragitto tra la sua casa e la chiesa essa correrà seri ed *inutili* rischi per la sua incolumità.

Tutto sommato, dietro il paravento del cristianesimo sposato come religione nuova ma non ancora assimilato del tutto nei sui dettami e nei suoi principi e sotto l'influsso ancora pressante della tradizione pagana, Tore sembra gestirsi come si gestirebbe un uomo forte ma ateo; risoluto ma senza remore morali cristiane, desideroso di affermare la sua primazia sul suo piccolo regno materiale; che ha il dovere di difendere le persone del suo entourage famigliare dalle minacce e dagli assalti provenienti dall'esterno: *"Non appartengo a nessuna religione,*

non ho mai avuto bisogno di nessun Dio,
o salvazione, o vita eterna: io sono il mio
Dio, provvedo io stesso a contornarmi di
angeli e demoni, vivo su una spiaggia
pietrosa sommersa nelle onde di un mare
che mi protegge.[8]*"*

La compagna Mareta, a sua volta, mostra di essere anch'essa cristiana, ma nel contempo superstiziosa quando accenna alle maledizioni che gravano sulla campagna. E accetta l'apparente ineluttabilità della vita condotta in un posto freddo, isolato e inospitale come fosse una specie di missione. Poi, accenna al rito pagano al quale il marito si sottoporrà se dovesse ricorrere alla vendetta contro chi attentasse alla salute e alla verginità della figlia. (*"Se dovesse capitare qualcosa a nostra figlia, scannerebbe i responsabili come maiali, ma prima di farlo si dovrebbe lavare e purificare percuotendosi con rami e foglie di betulla."*)

---

8   Ingmar Bergman, *Lanterna magica.*

Vendetta che essendo l'automatica conclusione della vicenda, a quel punto, sembrerebbe anch'essa ineluttabile.

L'altra ragazza, Ingeri, invece, è decisamente pagana. Nelle fasi iniziali del film, rivolge una preghiera al Dio Odino.

Allora, come può essere convinta della missione cristiana della sorellastra Karin?

Qualche critico ha visto, anche, nella questione del credo religioso; in questa distinzione quasi manichea tra cristiani e pagani, una vera e propria distinzione di classi sociali operata all'interno del film da Ingmar Bergman. Come se, in quell'epoca buia, il vecchio e polveroso paganesimo fosse appannaggio dei poveri e dei semplici, rimanendo ancorato nella loro psiche ingenua; mentre quelli appartenenti alle classi più abbienti si fossero convertiti senza riserve alla nuova ventata religiosa rappresentata dal cristianesimo[9].

---

9   *"Per me Gesù Cristo rimane sempre l'incontestabile difensore della vita, di tutte le cose viventi, della vita*

Questa visione personale, e direi anche arbitraria, è smentita dal film, per tutta la serie di considerazioni appena espresse, ed è smentita anche dallo stesso Ingmar Bergman che parlava raramente di politica e solo quando veniva sollecitato ammetteva appena, quasi con pudore e a mezza bocca, di essere fondamentalmente un socialdemocratico.

Ed è smentita anche dal film: nella scena dove si vede e si sente benissimo che un'anziana fantesca, rivolgendosi a Karin che sta partendo per la chiesa, le porge un involucro contenente una focaccia in regalo per il sacerdote e le chiede di salutarlo e di recitare per lei delle preghiere cristiane: "...*cinque Paternoster e quindici Ave.*"

---

spirituale. Egli appare in un mondo di legge, legalità, vuoto, paura, odio e disperazione mortale. Comprendo la santità di Gesù, col sentimento, non con la mia ragione. Per me Gesù è un essere umano che parla ad altri esseri umani e che vive e muore nel mondo dell'uomo. Solo in questo modo lo sento vicino e solo in questo modo posso capire cosa dice." (Ingmar Bergman, *Lanterna magica*)

SINOSSI

Il Signore Tore ha due figlie: Karin è bionda, bella e buona, vergine, zelante coi genitori coi servi e con gli estranei e, forse, proprio questa sua qualità le costerà la vita; Ingeri, in stato di gravidanza dopo una violenza sessuale, è buia, ombrosa e invidiosa di Karin, che detesta.

Karin ama il padre, che la adora ed ha con lui un ottimo rapporto filiale; non lo stesso trasporto pare legarla alla madre: quando si tratta di salutarli, prima della partenza, al padre concede un lungo appassionato abbraccio, alla madre punta un dito sulla fronte a simboleggiare un bacio che le concede solo per accontentare una sua precisa richiesta.

Quando apprende che Karin viene inviata a portare ceri alla Madonna che risiede nella sua chiesa di appartenenza[10], come solo una vergine può fare, Ingeri, che

---

10 Siamo nel giorno del Venerdì Santo, *"giorno* – dice la madre Mareta – *della Passione del Calvario."*

ancora non sa che accompagnerà la sorellastra, preparando le vivande per il viaggio, fa scivolare un rospo nel pane che servirà per la sua colazione.

E' quasi un rituale pagano di magia nera, per attirare il male sulla sorellastra.

Questo episodio quasi insignificante spiega anche il nervosismo che Ingeri mostra durante tutto il viaggio: si unisce a Karin solo quando la sorellastra lo annuncia avendo avuto il permesso dal padre e presagisce che qualcosa può succedere.

E quel presentimento spiegherebbe anche perché, ad un certo punto del tragitto, si separa dalla sorella e si rifugia in casa di un vecchio dedito alle arti magiche.

Che sia intenzionata a chiedere aiuto al vecchio per annullare la sua magia propiziatoria di sventure contro la sorellastra?

Lungo il tragitto Karin, che pur restando sola ha proseguito il suo viaggio, dopo aver litigato con la sorella e se ne è allontanata, è fermata da alcuni pastori (in realtà sono malfattori[11]) e si attarda a parlare con loro. Innocente e altruista, offre di condividere con loro il suo pasto.

Proprio mentre prendono il pane per cibarsene, il rospo depositato da Ingeri salta fuori dalla pagnotta.

Questo fatto buffo e divertente, ma increscioso irrita ed insieme eccita gli uomini.

Essi aggrediscono senza motivo la ragazza: prima la stuprano a turno, poi la uccidono selvaggiamente con un colpo di bastone sulla testa.

Quindi la spogliano della sua preziosa veste e lasciano il suo corpo esanime e nudo a terra.

Più tardi saranno, inconsapevolmente, ospitati a cena dal signore Tore ed alla sua famiglia, mentre si aspetta il ritorno di

---

11 Una nota dopo la registrazione del brano, nel 1812, afferma che la cantante, Greta Naterberg, aveva detto che *vallare* (parola popolare con la quale di solito s'intende *pastori*) qui significa *ladri* o *banditi*.

Karin e di Ingeri.

Strano atteggiamento - pare stranito e atterrito, roso dai sensi di una colpa non sua, ma solo a carico dei fratelli - quello del bambino che accompagna gli assassini: rifiuta il cibo, rovescia la ciotola sul tavolo e si rifugia tra le braccia dell'uomo muto.

Quando, inconsapevolmente, essi offriranno di vendere la veste di Karin, sporca di sangue, proprio a sua madre, la donna li rinchiude nella stanza per evitare che scappino e avverte il marito.

Il sospetto che qualcosa di grave e di inevitabile sia successo a Karin e che i pastori di capre ne sappiano qualcosa di più, anzi che possano essere loro gli assassini della figlia, si raggiunge col trafelato racconto della disperata di Ingeri, che è tornata, sbigottita e lacerata dai sensi di colpa.

Dopo aver abbandonato la sorellastra, infatti, ha assistito da lontano a tutta la scena dello stupro, dell'uccisione e del denudamento.

Aveva armato la sua mano con una grossa pietra, ma non ha avuto il coraggio di intervenire.

Il cristiano Tore, si accinge a mettere in atto la vendetta pagana di cui parlava Mareta.

La tragica morte della figlia Karin fa mettere da parte gli insegnamenti del vangelo cristiano ancora non del tutto assimilati; nel contempo fa riscoprire violentemente a Tore l'ancestrale richiamo della vendetta pagana.

Abbatte una betulla con la sola forza delle sue mani nude, quindi si sottopone al rituale dell'auto-fustigazione e della abluzione purificante.

Poi entra in casa per uccidere i due pastori e, con essi, anche l'incolpevole bambino che li accompagna.

Sembra, quasi, di assistere alla vendetta di Ulisse contro i Proci, con la quale si chiude l'Odissea di Omero.

Più tardi si reca alla ricerca del cadavere

della figlia e, giunto sul punto esatto in cui la sua Karin giace morta, appena la stacca dal terreno, come per miracolo, in risposta divina al suo gesto, sullo stesso posto dove la sua testa esanime era poggiata, una polla d'acqua sgorga improvvisamente.

Tore fa un voto: giura che costruirà con le sue mani, proprio nel posto dove il cadavere di Karin è stato ritrovato, lasciando a testimonianza una polla d'acqua sorgiva, una chiesa di pietra e calce.

Tutti si detergono con l'acqua in segno di purificazione.

Anche Ingeri, che essendo incinta ed essendo stata violentata non è più vergine, e non è nemmeno cristiana, ma è pagana.

Cade la contrapposizione con la sorellastra Karin: vergine e cristiana.

Ma Karin non muore perché cristiana, bensì perché il suo sacrificio deriva dalla violenza insensata dell'uomo.

Al di là delle disquisizioni accademiche e

dei dogmi religiosi, al di là della presenza degli dei pagani e del Dio cristiano, Ingmar Bergman suggerisce che c'è tutta una dimensione umana da conquistare alla coscienza e con la coscienza.

Oltre al Dio[12] della fede[13], ci deve essere la ricerca perenne, incessante, umana di un Dio dentro ognuno di noi.

Dentro ogni uomo.

E, forse, la risposta suggerita da Ingmar Bergman è nell'Amore.[14]

---

12 *"Veramente io non credo in Dio, ma la faccenda non è così semplice, tutti portiamo un Dio dentro noi stessi, tutto forma una trama che ci pare a volte di riconoscere, soprattutto al momento della morte."* (Ingmar Bergman, *Lanterna magica*)

13 *"Io non sono un credente, qualsiasi forma di salvezza ultraterrena mi suona blasfema."* (Ingmar Bergman, *Lanterna magica*)

14 *"Dio è l'Amore, e l'Amore è Dio. L'Amore è una prova dell'esistenza di Dio. L'Amore è la sola realtà di questo nostro pietoso mondo terreno".* (Ingmar Bergman, *Lanterna magica*)

ANALISI

Il 1959 fu un anno molto intenso nella vita privata e nella carriera teatrale e cinematografica di Ingmar Bergman.

Aveva terminato e presentato con successo di critica, un po' meno di pubblico, uno dei sui film più complessi *Il volto*[15] ed aveva bisogno di un periodo di relativo riposo, per ritemprarsi dalla fatica e dallo stress.

Sposò la sua quarta moglie, la pianista Kabi Laretei.

Chiuse il periodo di collaborazione col *Malmoe Stadteater* e fece una turneè a Parigi e Londra.

Dopo la morte dell'amico Dymling, alla direzione dello Svensk Filmindustri fu chiamato l'altro su amico Manne Fant, che lo coinvolse col ruolo di consigliere artistico.

La ripresa della sua febbrile attività cinematografica che, evidentemente,

---

15 *Ansiktet*, 1959.

covava come il fuoco sotto la cenere, riprese proprio con *La fontana della Vergine* che, prima di consegnare al Genio di Uppsala il suo primo Oscar e il Golden Globe come Miglior film straniero nel 1961, fu osannato al Festival di Cannes del 1960.

21° film di Bergman, il primo (e anche l'unico e il solo) in cui l'intervento di Dio nell'azione assume concretezza: l'entità divina si materializza attraverso il miracolo finale della fonte.

Le scene, improntate ad un duro realismo, dello stupro, dell'omicidio della vergine e della vendetta di Tore subirono le pesanti forbiciate della censura.

Splendido, come sempre, il bianco e nero di Sven Nykvist, che non fa rimpiangere lo spettacolare bianco e nero gotico del predecessore Gunnar Fischer ne *Il settimo sigillo*.

"Nei due film di argomento medievale ma con contenuti diversi la direzione fotografica dà il meglio di se stessa

offrendo nello stesso tempo una realizzazione pregevole che è anche una vera e propria ricerca nel perfezionismo delle immagini[16]."

Ambientato, come detto, in un livido medioevo, che lo accomuna a *Il settimo sigillo* - certamente il riferimento più immediato nella filmografia di Bergman - ma dal quale subito si distanzia, perché in esso la violenza appare come un fatto privato, mentre nell'altro era una caratteristica generale e generalizzata.

In quello la Morte era solo una maschera simbolica; in questo è reale: è la morte delle persone fisiche, prima di Karin e poi degli assassini e dell'incolpevole bambino.

E se ne differenzia anche perché qui non ci si occupa, né si preoccupa, delle grandi problematiche (o piaghe) dell'umanità ma dei piccoli-grandi drammi (fatti) privati.

In quello poi, Antonius Block (sempre interpretato da Max von Sidow) cerca

---

16 Claudio Papini, *Ben ritrovato Ernst Ingmar!*

Dio; nel successivo si invoca Odino, il dio pagano, e si prega il Dio dei cristiani in un'altra parte della casa.

"Nel film di Bergman ritroviamo inoltre il contrasto fra il culto più debole e benefico della vergine Madre (l'acqua è fonte di vita) e quello forte del padre geloso, vendicativo e all'occorrenza uccisore, che caratterizza l'Antico testamento.[17]*"*

In questo ci si sottopone ad un rituale catartico pagano che prelude alla vendetta e contemporaneamente si manda una vergine a portare i ceri alla lontana chiesa cristiana di appartenenza.

Insomma ne *La fontana della vergine* ci si trova nel bel mezzo di una continua tensione tra tradizione dell'antico e ventata della nuova religione; tra misticismo e pragmatismo; tra cristianesimo e paganesimo; tra misticismo e scetticismo.

In questo film *"Bergman scopre che la*

---

17 Stefano Socci, *L'ombra scura della religione.*

sofferenza, il sacrificio degli innocenti, la morte che lo scandalizzano, diventano, da un punto di vista superiore, la legge universale del mondo, l'ineluttabile compagno, o addirittura il motore necessario al suo cammino.[18]"

Nel film, poi, al contrario de *Il settimo sigillo*, basato su una serrata sceneggiatura di ferro, Ingmar Bergman da molto più peso alle immagini che non alle parole, ai dialoghi, e fluisce lentamente *"...in un clima teso, ansioso, quasi livido.*[19]".

E' come se Ingmar Bergman volesse indurre lo spettatore, già durante la visione, ad una più diretta ed immediata meditazione: *"Mi assumo la piena responsabilità del problema religioso che ho creato ne* Il settimo sigillo. *Una vera pietà romantica resa in una luce speciale. Anche, con* La fontana della vergine, *la*

---

18 Henri Agel e Amedèe Ayfre, *Le cinema e t le sacrè.*
19 G.L.Rondi, *La fontana della vergine*, in *Cinema ridotto* n.1, 1967.

mia motivazione è stata estremamente mistica. Ma, il concetto di Dio che aveva iniziato, in me, molto tempo prima il suo ...fallimento, è rimasto, nel film, poco più che un accessorio. La cosa che mi interessava veramente era raccontare drammaticamente la storia orribile della ragazza e dei suoi stupratori, e la vendetta successiva di Tore. Il mio conflitto (in corso) con la religione era sulla via della sua completa definizione.[20]"

Il soggetto è tratto da una ballata, elaborata a sua volta da una leggenda medievale svedese (*Töres dotter i Wänge*).
Mentre la sceneggiatura vede la firma eccellente di Ulla Isakson, una importante scrittrice svedese, nata a Stoccolma nel 1916 e morta nel 2000.
Autrice di romanzi, racconti e

---

20 Ingmar Bergman, *Lanterna magica.*

sceneggiature nei quali i temi principali sono le problematiche del sesso femminile, l'amore e i rapporti dell'individuo col divino.

Ella fu legata a doppio filo alla filmografia di Ingmar Bergman da ben tre importanti collaborazioni: *Alle soglie della vita*[21] (1958); *La fontana della vergine*[22] (1959); *Il segno*[23] (1986).

Pare che esista davvero la chiesa edificata da Tore in memoria della figlia Karin assassinata dopo essere stata stuprata.

La posizione geografica di *The Vange* è nel Malmskogen in Östergötland, nel sud-ovest della Svezia.

Nel 19° secolo, Erik Gustaf Geijer, storico, scrittore e compositore svedese vissuto a cavallo tra il 18° e il 19° secolo, ha osservato che le persone nella zona circostante, ancora riferivano numerose

---

21 *Nara livet* (t.l. *Vicino alla vita*)
22 *Jungfrukullan*.
23 *De tva saliga*.

leggende sui tragici eventi tradotti dalla ballata.

Il *plot* della storia originale è più chiaro ma anche più terribile nella versione più vecchia del 1673, che è anche più lunga rispetto a quella registrata nel 1812.

E questa versione mostra delle evidenti analogie con la trama del film di Bergman, ma anche delle notevoli dissonanze.

In pratica, le tre figlie di Pehr Tyrsson (Tore) e di sua moglie Karin vengono uccise da tre banditi sul cammino verso la chiesa.

Gli assassini visitano la fattoria di famiglia e cercano di vendere le vesti di seta delle ragazze.

La madre Karin riconosce le vesti, macchiate di sangue, e si rende conto che le figlie devono essere state uccise dagli uomini, riferisce al marito che ne uccide due di loro, ma lascia che il terzo in vita.

Quando lui e Karin chiedono al bandito superstite chi sono e da dove provengono, quello dice loro che erano fratelli e che erano stati allontanati dai loro genitori quando erano molto giovani e che i loro genitori erano Tore e Karin in Vange.

Rendendosi conto di aver ucciso i suoi figli, Töre esprime la promessa di costruire una chiesa per espiare i suoi peccati.

Tre pozze d'acqua sorgeranno dove le tre fanciulle sono state trovate uccise.

Lo stesso manoscritto del 1673 dichiara addirittura l'esistenza della pozza di Vange *(Vange Brunn),* che apparve miracolosamente nel punto in cui la giovane vergine, protagonista della drammatica storia, fu uccisa.

Infine, si crede ancora che, nella foresta che sta nelle vicinanze, avvengano ogni sera intorno alla mezzanotte, le apparizioni dei fantasmi delle tre giovani vittime.

Molto interessante, per la esatta comprensione del messaggio cinematografico (una specie di interpretazione autentica) quello che lo stesso Ingmar Bergman dice a proposito del suo film: *"Un film che è stato uno dei miei lavori più oscuri:* La fontana della vergine. *Devo ammettere che contiene un paio di passaggi ad immediata accelerazione e di forte vitalità. L'idea di fare qualcosa al di fuori dalla vecchia folk-song* Herr Tore di Venge's Daughters *era un forte richiamo per me. Così volli fare un noir medievale tratto da una brutale ballata in forma di semplice canzone folk. Ma parlandone con l'autrice del soggetto, Ulla Isaksson, ho cominciato a psicologizzare. Il primo errore è stato la volontà di introdurre un concetto terapeutico: la promessa solenne di costruire una chiesa con la quale espiare il tremendo peccato derivante dall'assassinio dei pastori. Artisticamente si è trattato di un escamotage assai poco interessante. Poi, l'introduzione di un concetto totalmente analizzante di Dio.*

La miscela di rappresentazione reale e di violenza, che ha una certa potenza artistica, ma è anche un ottimo esempio di come le migliori intenzioni possano far ottenere risultati del tutto contrastanti con le proprie motivazioni, e di come si possa trasformare un lavoro proprio nel momento in cui esso si sta sviluppando".

E, aggiunge il Maestro, forse esagerando un po' nella sua feroce autocritica: "*La fontana della vergine è un film turistico; una imitazione scadente di Kurosawa. A quel tempo la mia ammirazione per il cinema giapponese era al suo culmine. Ero quasi un samurai io stesso![24]*

E, infine, una breve ma interessante testimonianza sul film di Max von Sidow, contenuta in *"Oggi Sidow"*: "*Mi ricordo che c'era un accento fortemente intenzionale su un rapporto molto stretto tra il padre e la figlia, nel quale alla madre non era davvero permesso di*

---

24 Ingmar Bergman, *Bergman su Bergman.*

entrare. Ella, tenuta fuori da quel rapporto, ne soffriva e nutriva anche una certa gelosia. La sequenza tra il racconto dello stupro e la macellazione dei rapinatori, serve quasi come un esempio da manuale di tecnica cinematografica di Ingmar Bergman, nella sua costruzione; nel montare della tensione scena dopo scena; nella quasi totale assenza di dialogo tra tutti i protagonisti".

CONCLUSIONI

Il film fu accolto molto favorevolmente negli Stati Uniti, dove vinse un Oscar per il miglior film straniero.

Don Druker, del *Chicago Reader* scrisse: *"Uno dei pochi film che Ingmar Bergman ha diretto ma non ha scritto; questo lavoro del 1960 racconta, attraverso una leggenda svedese del 14° secolo, la grande grazia divina. I dettagli dell'epoca sono magnificamente lavorati nel corso della narrazione, e il ritmo e l'economia del racconto, rendono la metafisica dell'angosciato svedese infinitamente più facile da comprendere.[25] "*

L'altro critico del The New Republic, Stanley Kauffmann, nella sua recensione

---

25 "One of the few films that Ingmar Bergman directed but did not write, this 1960 feature recounts a 14th-century Swedish legend on the abundance of God's grace. The period details are magnificently worked into the narrative, and the pace and economy of the tortured Swede's storytelling make his metaphysics infinitely easier to take." (Don Druker, *Chicago Reader*)

del 1960, scrisse: "*Bergman compone una grande tragedia religioso-morale. E' come guardare una serie di scene da un grande arazzo medievale molto ben composto, ognuna di esse rappresenta una stazione sulla strada della parabola finale, tutto quanto (fatta eccezione per i momenti viscerali di sesso e sangue) appare rarefatto e astratto. Il film ci lascia con la sensazione di aver assistito ad una grande lezione, espressa con enormi simbolismi minacciosi di un alto romanzo d'amore con del Dio.[26]*"

L'altro critico del *Time Out* Nigel Floyd, ha scritto: *"Bergman ha vinto il suo primo Oscar per questa crudele ma tutt'altro che sensazionale allegoria medievale, un*

---

26 *"The bulk of the picture is a religious-moral charade. It is like looking at a series of scenes of a large medieval tapestry, each well composed, each representing a station on the way to the point of the parable, all of it (except for the visceral moments of sex and blood) rarefied and abstract. We are left with the sense that a lesson has been spelled out–in huge, cloudy symbols of a high romance with God."* (Stanley Kauffmann, *The New Republic*,1960)

*racconto di superstizione e fede religiosa:
lo stupro e la vendetta ambientata nel
XIV° secolo in Svezia, dove la
popolazione è sospesa tra cristianesimo e
paganesimo. Sulla sua strada per la
chiesa, la quindicenne (Birgitta
Pettersson), figlia vergine di genitori
contadini (Max von Sydow and Birgitta
Valberg) viene violentata da due pastori
di capre. Successivamente, in un gioco
del destino, i colpevoli chiedono cibo e
riparo a casa dei genitori della ragazza
morta. alla scoperta della verità quando i
pastori offrono di vendere loro i vestiti
macchiati di sangue della figlia morta, i
genitori perfezionano una vendetta
brutale. La semplicità formale e il
simbolismo evidente (chiaro e scuro,
fuoco e acqua) erano inferiori agli
elementi potenzialmente sensazionalistici
del materiale, Il vivido bianco e nero
della fotografia di Sven Nykvist cospira
con l'austerità delle immagini di Bergman
per creare una carica metafisica*

straordinariamente efficace.[27] "

Come si diceva in precedenza *La fontana della vergine*, tra tutti i film di Bergman, è forse l'unico in cui, direttamente, si manifesta la presenza di Dio.
Ed è anche quello in cui più accurata è la depurazione dai molteplici simbolismi cari al regista.
Ed è anche quello in cui più che in altri

---

27   *"Bergman won his first Oscar for this cruel but unsensational medieval allegory, a tale of superstition, religious faith, rape and revenge set in a 14th century Sweden where the populace is vacillating between Christianity and paganism. On her way to church, the 15-year-old virgin daughter of peasant parents is raped by two goatherds. Later, in a bizarre twist of fate, the culprits ask for food and shelter at the house of the dead girl's parents. Discovering the truth when the goatherds offer to sell them their dead daughter's bloodstained clothes, the parents exact a brutal revenge. The formal simplicity and overt symbolism (light and dark, fire and water) undercut the potentially sensationalist elements of the material, Sven Niqvist's luminous black-and-white photography conspiring with the austerity of Bergman's imagery to create an extraordinary metaphysical charge."* (Nigel Floyd, *Time Out*)

appare evidente la commistione tra paganesimo e cristianesimo; tra sacro e profano; tra religione e laicità; tra aspetto del profondo rispetto divino ed atteggiamento, invece, profondamente laico.

In Tore si incontrano insieme tutte queste caratteristiche.

Sulle larghe spalle di Tore, il Maestro getta il suo pesante fardello: quando si prepara alla vendetta, tipico metodo medievale per ottenere giustizia privatamente; quando si sottopone ad un rituale pagano di abluzione che lo prepari al sacrificio dei rei; quando promette a Dio, rivolgendosi direttamente a lui, di edificare una chiesa sul posto esatto del sacrificio della figlia Karin.

Ma il film è percorso, anzi permeato, da una costante, continua, tensione religiosa, che si avverte, palesemente, in alcuni momenti, in alcune scene.

Una fra tutte, ad esempio, quando un frate-contadino si rivolge al più piccolo dei tre fratelli pastori: *"Vedi come il fumo trema e si abbarbica sotto il tetto: come avesse paura dell'ignoto. Eppure, se si librasse nell'aria, troverebbe uno spazio infinito dove volteggiare. Ma forse non lo sa: e così se ne sta qui, nascosto, tremolante e inquieto. Con gli uomini capita lo stesso: essi vagano inquieti come tante foglie al vento, per quel che sanno e per quello che non sanno".*

Il critico italiano Camillo Bassoto scrisse: *"Bergman fa sentire il tempo come meditazione... Il mondo medievale leggendario è trasportato con semplicità ed efficacia nella contemporaneità. Le ore, i minuti che precedono l'alba sembrano scanditi sul battito del cuore, il tempo visivo che passa sul cuore dei servi e dei contadini mentre salgono alla radura per ritrovare Karin: il tempo segnato nella sequenza di Karin e i pastori, dapprima insignificante, diventa improvvisamente tragico, pesante.[28]"*

Max von Sydow disse sul film: *"Mi ricordo che c'era un enfasi intenzionale su un rapporto molto stretto tra il padre e la figlia, nel quale per la madre non era davvero facile entrare, lei è stata tenuta fuori da quella relazione e soffriva di una certa gelosia. La sequenza tra lo stupro, e la macellazione dei rapinatori, serve quasi come un esempio da manuale di tecnica di Ingmar Bergman nella costruzione della tensione di scena dopo scena, senza quasi nessun dialogo per tutti .[29]"*

---

28 In *Cineforum*, n.3-4, 1961.

29 *"I remember that there was an intentional emphasis on a very close relationship between the father and the daughter, and the mother was not really let in, she was kept out of that relationship and suffered from a certain jealousy even. The sequence between my being told about the rape, and my slaughter of the robbers, serves almost as a textbook example of Bergman's technique in building up the tension in scene after scene, without hardly any dialogue at all."*

Infine, una curiosità: la fonte dalla quale sgorga acqua pura e purificatrice, tornerà nei successivi film di Bergman, ad esempio nelle scene finali de *Il silenzio*[30].

"Per quanto un giorno inizi lieto, finisce malamente prima del tramonto".

---

30 *Tystnaden*, 1963.

BIBLIOGRAFIA

Ingmar Bergman, *Lanterna magica.*

Ingmar Bergman, *Immagini.*

Aldo Garzia, *Bergman The Genius.*

Claudio Papini, *Ben ritrovato Ernst Ingmar.*

Antonio Costa, *Ingmar Bergman.*

Alberto Corsani, *Il libro che affiora.*

Salvatore M. Ruggiero, *Il genio di Uppsala.*

Salvatore M. Ruggiero, *Parla con Bergman.*

Olivier Assayas e Stig Bjorkman,
Conversazione con Ingmar Bergman.

Sergio Trasatti, *Ingmar Bergman.*

Jacques Mandelbaum, *Ingmar Bergman,
Maestri del cinema.*

NOTIZIE SUL FILM

Titolo originale	*Jungfrukällan*
Paese di produzione	Svezia
Anno	1960
Durata	89 min
Colore	B/N
Audio	sonoro (mono)
Rapporto	1,37:1
Genere	drammatico, epico
Regia	**Ingmar Bergman**
Soggetto	Leggenda popolare
Sceneggiatura	**Ulla Isaksson**
Casa di produzione	Svensk Filmindustri
Fotografia	**Sven Nykvist**
Montaggio	Oscar Rosander
Musiche	Erik Nordgren
Scenografia	P.A. Lundgren
Costumi	Marik Vos-Lundh (come Marik Vos)
Trucco	Börje Lundh

PERSONAGGI E INTERPRETI

Max von Sydow: Tore
Birgitta Valberg: Mareta
Gunnel Lindblom: Ingeri
Birgitta Petterson: Karin
Axel Duberg: il magro
Tor Isedal: l'uomo senza lingua
Alla Edwall: il mendicante
Ove Porath: il ragazzo
Axel Slangus: il guardiano del ponte
Gudrun Brost: Frida
Oscar Ljung: Simon
Tor Borong e Leif Forstenberg: garzoni.

INDICE